Inhalt

Das Quartal der Fusionen - Europas Reisekonzerne ordnen sich neu

Kernthesen

Beitrag

Fallbeispiele

Zahlen und Fakten

Weiterführende Literatur

Impressum

Das Quartal der Fusionen - Europas Reisekonzerne ordnen sich neu

Autor GENIOS BranchenWissen: I.Zeilhofer-Ficker

Kernthesen

- Die Fusion der KarstadtQuelle Touristik-Tochter Thomas Cook mit der britischen MyTravel leitete im Februar eine Fusionswelle in der Touristik ein.
- Schon wenige Wochen nach dem Thomas Cook Deal gab Europas größter Touristik-Konzern TUI bekannt, mit der ebenfalls britischen First Choice zu einer Einheit zu verschmelzen.
- Im Flugsektor gelang Air Berlin mit der Meldung der Übernahme der Düsseldorfer

LTU ein Überraschungscoup.
- Alle drei neuen Großkonzerne werden an der Londoner Börse gehandelt TUI und Thomas Cook auch von Großbritannien aus geleitet. Man darf erwarten, dass britische Gepflogenheiten bald in Deutschlands Touristikwelt Einzug halten werden.

Beitrag

Die Touristikindustrie Europas ist in Bewegung gekommen zu Beginn des Jahres 2007 jagte eine Überraschung die nächste. Ob die Elefantenhochzeiten der TUI, von Thomas Cook und Air Berlin die angekündigten positiven Effekte für Aktionäre und Kunden haben werden, muss sich allerdings erst erweisen.

Thomas Cook und MyTravel aus dem Handelsriesen KarstadtQuelle wird ein Reiseriese

Fast ein Jahr dauerte es, bis KarstadtQuelle Chef Middelhoff am Ziel seiner Pläne war, den Reisekonzern Thomas Cook endlich allein zu besitzen.

So lange brauchte er, den früheren Mitgesellschafter Lufthansa zum Verkauf seiner Anteile für 800 Millionen Euro zu überreden und eine für beide Seiten tragbare Lösung für die gemeinsamen Fluglinie Condor zu finden. So hält Lufthansa zwar immer noch eine 25prozentige Sperrminorität an Condor, der Reisekonzern an sich ist aber als nunmehr eigenständige, hundertprozentige Tochter von KarstadtQuelle endlich in der Lage, Expansionspläne in die Tat umzusetzen. Nur zwei Tage nach der Selbstständigkeit gab Thomas Cook die Fusion mit der britischen MyTravel bekannt, ein Coup, der allen in der Branche Respekt abverlangte. (1), (3)
Der geplante Reiskonzern Thomas Cook PLC wird seinen Sitz in London haben und an der Londoner Börse gehandelt
werden. Mit rund 12 Milliarden Euro Umsatz und fast 20 Millionen Reisegästen pro Jahr wird das Unternehmen eine nicht zu unterschätzende Größe in der europäischen Reiseindustrie darstellen. Nach einer schmerzhaften Konsolidierungsphase erweisen sich beide Konzerne nun mit Vor-Steuer-Gewinnen in 2006 von rund 206 Millionen Euro bei Thomas Cook und 66 Millionen Euro bei MyTravel als grundsolide und schlank aufgestellt. Finanzschulden hat keiner der Partner zu schultern, allerdings bringt MyTravel einen Verlustvortrag von 1,2 Mrd. Euro mit in die Ehe, der von KarstadtQuelle genutzt werden kann. (1), (2), (3), [Abb.1]

Die Fusion wird über einen Aktientausch abgewickelt, wobei die KarstadtQuelle-Eigner einen Anteil von 52 Prozent, die MyTravel-Aktionäre 48 Prozent der neuen Thomas Cook PLC erhalten sollen. Für KarstadtQuelle bedeutet dies, dass die Touristik mit einem Umsatzanteil von 58 Prozent zum stärksten Geschäftsbereich vor Warenhäusern und Versandgeschäft wird. (1), (3)

Durch seine starke Stellung in Skandinavien, Kanada und Großbritannien ergänzt MyTravel Thomas Cook in regionaler Hinsicht gut. Vor allem in Großbritannien möchte man Synergien von insgesamt 113 Millionen Euro pro Jahr realisieren. Ein hoher Personalabbau vorwiegend auf den britischen Inseln wird erwartet. Profitieren möchte Thomas Cook auch vom Internet-Know-How, das bei MyTravel zweifellos vorhanden ist. Zwischen 26 und 35 Prozent der Buchungen werden dort bereits online generiert. (1), (4)

Schiere Größe allein ist aber noch kein Garant für steigende Marktanteile und Gewinne. Als Risiko könnte sich herausstellen, dass sowohl Thomas Cook als auch MyTravel auf den hart umkämpften Pauschalreisemarkt spezialisiert sind. Eine Strategie tut Not, wie in größerem Umfang am wachsenden Individualreisemarkt partizipiert werden kann. (3)

TUI und First Choice Kopie oder der bessere Deal?

Nur wenige Wochen nach der Fusionsnachricht von Thomas Cook und MyTravel überraschte das Management der TUI AG und der First Choice PLC mit der Absicht sich zusammenzuschließen. Die Aktionäre der TUI AG ließen sich dadurch von den katastrophalen Bilanzzahlen für 2006 ablenken. Rund 850 Millionen Euro Verlust weist die Konzernbilanz der TUI AG aus, hauptsächlich verursacht durch hohe Sonderabschreibungen auf die Touristikbeteiligungen in Frankreich und Großbritannien. Das Fusionsvorhaben gleicht demjenigen von Thomas Cook auffällig auch TUI/First Choice fusionieren durch Aktientausch ohne den Fluss von Kapitalmitteln. Auch hier soll eine britische PLC entstehen, die in London geführt und gehandelt werden soll. Die Ausgangslage unterscheidet sich jedoch; die TUI Touristik bringt Netto-Schulden und Pensionsverbindlichkeiten von 875 Millionen Euro mit in die Ehe, die TUI-eigenen Hotels sowie der Schifffahrts- und Logistikbereich verbleiben bei der Konzernzentrale. Es ist geplant, dass die TUI AG 51 Prozent der TUI TRAVEL PLC Anteile erhält, 49 Prozent gehen an die First Choice

Eigner. (5), (6), (7), (8)

Rechnet man die Zahlen von TUI und First Choice zusammen, so wurde im letzten Jahr ein Gesamtumsatz von 18 Milliarden Euro mit 27 Millionen Kunden erzielt. Damit entsteht der mit Abstand größte Touristikkonzern Europas. Das Vor-Steuer- und Vor-Abschreibungs-Ergebnis lag bei 497 Millionen Euro. 48 000 Mitarbeiter arbeiten für zusammen 101 Veranstaltermarken und sieben Airlines. Ein Personalabbau, auch hier vorwiegend in Großbritannien, soll zusammen mit einer gemeinsamen Flotten- und Flugplanung, einer einheitlichen IT-Infrastruktur sowie einer effizienteren Nutzung von Marketingmitteln zu Synergiegewinnen von jährlich 146 Millionen Euro führen. (5), (6), (7), (8), (9)

Viele Experten halten den TUI-Deal für den glücklicheren. First Choice zeichnet sich durch einen hohen, margenträchtigen Anteil von Spezial- und Erlebnisreisen aus, wie beispielsweise Yacht-Urlaub oder Raftingtouren. First Choice bringt dadurch ein umfangreiches Know-How über Bausteinreisen mit, das beim Pauschalreisespezialisten TUI bisher fehlte. Außerdem kann die TUI durch den Zusammenschluss ihre Präsenz in Großbritannien und USA stärken und den hohen Anteil von Online-Buchungen bei First Choice nutzen. (9), (10), (11), (12)

Air Berlin übernimmt LTU - der Einstieg ins Langstreckengeschäft

Nach der Übernahme der DBA und dem Börsengang im letzten Jahr sorgte Air Berlin Firmenlenker Hunold im März 2007 wieder für Schlagzeilen. Er kaufte die angeschlagene LTU und damit deren Jets und Langstreckenverbindungen nach Amerika, Afrika und Asien. Hunold bezahlte einen Kaufpreis von 140 Millionen Euro und übernahm 200 Millionen Verbindlichkeiten. Das neue Bündnis ist nun mit 25 Millionen Passagieren pro Jahr, 119 Flugzeugen und 6 400 Mitarbeitern der viertgrößte Anbieter von Flugreisen in Europa. Außerdem sicherte sich Air Berlin eine 49 Prozent Beteiligung an der schweizerischen Belair und damit einen besseren Zugang zum attraktiven Markt der Schweiz. Beide Deals sollen durch eine Kapitalerhöhung sowie eine Wandelanleihe finanziert werden. (13), (14), [Abb.2]

Air Berlin präsentierte zeitgleich mit der Kaufnachricht sein gutes Konzernergebnis für das vergangene Jahr. Mit einem Umsatz von fast 1,6 Milliarden Euro konnte das Unternehmen erstmals einen Gewinn von 50 Millionen Euro erzielen. Angesichts der Tatsache, dass die Eingliederung der

DBA sicher mit Kosten verbunden war, ist dies eine gute Leistung. Die LTU dagegen konnte 2006 die Gewinnzone (noch) nicht erreichen und flog fünfzehn Millionen Euro Verlust ein. (13), (14), (15)

Dies soll sich schnell ändern. Das Air Berlin Management erwartet Synergieeffekte von bis zu 100 Millionen Euro jährlich. Ziel ist, vor allem die Langstrecken mithilfe des dichten deutschen und europäischen Zubringernetzes deutlich gewinnbringender zu nutzen. Weitere Kostenvorteile soll das neu abgeschlossene Codeshare-Abkommen mit der Condor bringen, mit dem die Flugpläne sowohl im europäischen aber auch interkontinentalen Flugverkehr abgestimmt werden können. Parallele Flüge zu denselben Destinationen am gleichen Verkehrstag werden künftig vermieden, was die Auslastung der Flugzeuge wesentlich verbessern soll. Funktioniert dieses Modell, so halten Branchenkenner eine vollständige Übernahme der Condor durch Air Berlin in zwei Jahren, wenn die Sperrfrist der Lufthansa ausläuft, für wahrscheinlich. (13), (14), (16)

Verlierer dieses Deals ist eindeutig TUIFly, deren Codeshare mit Air Berlin zum April 2007 ausläuft. Will sich die TUI nicht komplett von den Langstreckenflügen der LTU und Condor abhängig machen, so muss sie mit Hochdruck an der Nutzung der Langstreckenflotte von First Choice auch für Kunden aus Zentraleuropa arbeiten. Unter Druck geraten ist die Fluggesellschaft der TUI außerdem durch den Namenswechsel zu TUIFly, der Veranstalterkunden, die im direkten Wettbewerb zur TUI agieren, ziemlich verschreckte. (16), (17)

Fazit

Alle drei Großunternehmen werden als britische PLC an der Londoner Börse gehandelt werden. Die Unternehmen haben dadurch den Vorteil, dass das deutsche Mitbestimmungsrecht nicht greift. Vor allem Air Berlin profitiert davon. Andererseits muss die britische Vorschrift, nach der das Board of Directors (Verwaltungsrat) mit einer Mehrheit von unabhängigen Direktoren zu besetzen ist, beachtet werden. (18)

Sowohl bei der Thomas Cook PLC als auch bei der TUI PLC werden künftig Briten die operative Leitung inne haben. Sie sind dafür bekannt, wenn nötig, einen rigorosen Personalabbau durchzuführen. Außerdem ist das Reisebüronetz in Großbritannien wesentlich dünner und die Provisionen sind deutlich niedriger als in Deutschland. Beide Konzerne werden versuchen, so vermuten Branchenkenner, ähnliche

Verhältnisse möglichst bald auch in der Bundesrepublik zu schaffen. (19), (20)

Die Aktionäre dürften sich darüber freuen. Ob die deutschen Kunden dadurch allerdings gewinnen, bleibt abzuwarten. Denn weniger Reisebüros mit weniger Mitarbeitern und niedrigeren Provisionen heißt in erster Linie auch schlechtere Beratung mit weniger Kompetenz. Und genau das bemängeln die meisten Kunden heute schon.

Fallbeispiele

Die Führungsmannschaft der Thomas Cook PLC wird von Thomas Middelhoff als Chairman sowie Michael Beckett als stellvertretendem Chairmain geleitet. Die operative Leitung übernimmt Manny Fontenla-Novoa, ihm zur Seite steht noch bis Ende 2007 Peter McHugh. Finanzchef wird Ludger Heuberg, für den Quellmarkt UK ist John Bloodworth zuständig. Dazu kommen sieben unabhängige Direktoren. (18), (21)

Bei der TUI will Michael Frenzel als Chairman auch weiterhin Einfluss auf das operative Geschäft nehmen. Sein Stellvertreter wird Sir Michael

Hodgkinson. Die operative Leitung als Vorstandschef übernimmt Peter Long, sein Stellvertreter wird Peter Rothwell, Finanzchef Paul Bothwell. (22)

Zahlen & Fakten

Europas größte Reisekonzerne

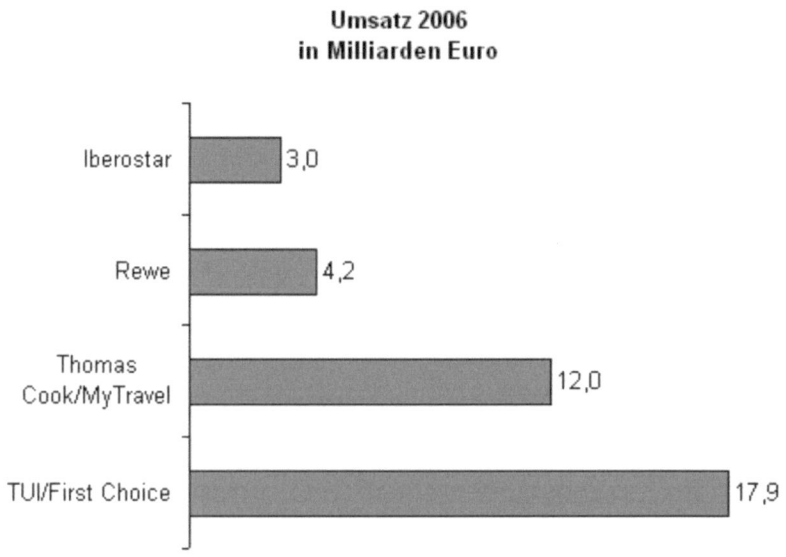

Quelle: Karstadt-Quelle

Entnommen aus: Der Tagesspiegel Nr. 19478, 04.03.2007, S. 24

Passagierzahlen - Air Berlin festigt Rang zwei

Anzahl der Passagiere in 2006 in Millionen			
Lufthansa	53,4		
Air Berlin/DBA	19,7	Air Berlin/LTU	25,4
TuiFly	11,1		
Condor	7,8		
Germanwings	7,1		
LTU	5,7		

Quelle: Unternehmen

Entnommen aus: Frankfurter Allgemeine Zeitung, 28.03.2007, Nr. 74, S. 11

Weiterführende Literatur

(1) Middelhoff auf großer Reise
aus fvw Nr. 04 vom 16.02.2007 Seite 017

(2) Vor großer Fusions-Lawine
aus "Tourist Austria International" Nr. 1837/07 vom 16.02.2007 Seite: 1

(3) Gut gebucht?
aus Euro am Sonntag, 18.02.2007, Nr. 7, S. 20

(4) Thomas Cook rückt deutlich näher an den Marktführer Tui heran

aus Lebensmittel Zeitung 07 vom 16.02.2007 Seite 009

(5) Tui setzt sich mit Mega-Deal von den Wettbewerbern ab Frenzel: "Dies ist eine Wachstumsstory" - First Choice holt in Nischen die besten Margen - Synergien von 146 Mill. Euro jährlich erwartet
aus Börsen-Zeitung, 20.03.2007, Nummer 55, Seite 11

(6) TUI-Travel geht nach London
aus Süddeutsche Zeitung, 20.03.2007, Ausgabe Bayern, München, Deutschland, S. 21

(7) Fusion verdeckt Verlust Tui macht Millionenminus vergessen
aus HANDELSBLATT online 19.03.2007 12:08:02

(8) TUI reist übern Kanal
aus taz, 20.03.2007, S. 2

(9) TUI setzt auf das Know-how von First Choice Der deutsche Reisekonzern geht mit einem Verlust in die Fusion
aus Neue Zürcher Zeitung, 20.03.2007, Nr. 66, S. 19

(10) Der neue Riese will wachsen
aus Handelsblatt Nr. 056 vom 20.03.07 Seite 15

(11) Britisches Vorbild Peter Long weiß, wie man im Tourismus Geld verdient. Das soll er nun auch bei TUI beweisen
aus Financial Times Deutschland vom 20.03.2007, Seite 2

(12) TUI und First Choice legen die Messlatte höher
Eine neuer Touristik-Weltmarktführer soll entstehen – Reaktion auf Thomas Cook/My Travel – TUI-Aktien sind ein Schnäppchen
aus Finanz und Wirtschaft vom 21.03.2007, Seite 13

(13) Die Überflieger
aus Süddeutsche Zeitung, 28.03.2007, Ausgabe Deutschland, Bayern, München, S. 2

(14) Air Berlin Air Berlin will die Marke LTU weiterführen Airline übernimmt den Düsseldorfer Konkurrenten für 140 Millionen Euro - Handelskonzern Rewe verdient mit
aus DIE WELT, 28.03.2007, Nr. 74, S. 11

(15) Air Berlin übernimmt LTU Konzernchef Hunold will mit der Akquisition ins Langstreckengeschäft einsteigen / Kooperation mit Condor geplant
aus Frankfurter Rundschau v. 28.03.2007, S.11

(16) Billigairline-Sektor wandelt sich Air Berlin expandiert in die Langstrecke – Verdrängungskampf nicht abgeschlossen
aus Finanz und Wirtschaft vom 31.03.2007, Seite 39

(17) Gelandet als Außenseiter
aus Süddeutsche Zeitung, 28.03.2007, Ausgabe Deutschland, Bayern, München, S. 2

(18) GuteReise! Thomas Middelhoff hastet von Coup zu Coup: Doch auch mit dem Touristikdeal hat er das

Erfolgsrezept für KarstadtQuelle noch nicht gefunden. Zwei Gewinner der Fusion mit Mytravel stehen allerdings jetzt schon fest
aus Financial Times Deutschland vom 15.02.2007, Seite 23

(19) Tourism is coming home
aus fvw Nr. 31 vom 20.12.2006 Seite 018

(20) "Es hat schon seit zwei Jahren gebrodelt"
aus "Tourist Austria International" Nr. 1842 vom 23.03.2007 Seite: 6

(21) KarstadtQuelle baut sich Touristikkonzern Thomas Cook und Mytravel fusionieren - Kostensynergien von 75 Mill. Euro Pfund jährlich erwartet - Prämie von 15 Prozent - Gespräche mit First Choice beendet
aus Börsen-Zeitung, 13.02.2007, Nummer 30, Seite 11

(22) Peter Long muss bei Tui Travel noch einmal von vorn anfangen
aus Handelsblatt Nr. 056 vom 20.03.07 Seite 15

Impressum

Das Quartal der Fusionen - Europas Reisekonzerne ordnen sich neu

Bibliografische Information der deutschen Nationalbibliothek

Die Deutsche Nationalbibliothek verzeichnet diese Publikation in der deutschen Nationalbibliografie; detaillierte bibliografische Daten sind im Internet über http://dnb.d-nb.de abrufbar.

ISBN: 978-3-7379-2955-4

© 2015 GBI-Genios Deutsche Wirtschaftsdatenbank GmbH, Freischützstraße 96, 81927 München, www.genios.de

Alle Rechte vorbehalten. Dieses Werk ist einschließlich aller seiner Teile – z.B. Texte, Tabellen und Grafiken - urheberrechtlich geschützt. Jede Verwertung außerhalb der Grenzen des Urheberrechtsgesetzes bedarf der vorherigen Zustimmung des Verlags. Dies gilt insbesondere auch für auszugsweise Nachdrucke, fotomechanische

Vervielfältigungen (Fotokopie/Mikroskopie), Übersetzungen, Auswertungen durch Datenbanken oder ähnliche Einrichtungen und die Einspeicherung und Verarbeitung in elektronischen Systemen.